# PARIS-FORAIN

REVUE-PARADE EN VERS, EN UN ACTE ET SIX TABLEAUX

Représentée pour la première fois, à Paris, au théâtre d'Application
le 10 Décembre 1892

# DU MÊME AUTEUR

Le Noyau, monologue en vers.

La Cloche, conte en vers.

*A Marguerite Deval.*

Si quelqu'un, Madame Paillasse,
Ose affirmer sur cette place
Que tu ne l'as pas diverti,
Je lui fais un mauvais parti
Et veux lui crever la paillasse,
Car le faquin en a menti !

JACQUES REDELSPERGER.

JACQUES REDELSPERGER

# Paris-Forain

## REVUE-PARADE EN VERS

### en un acte et six tableaux

### ILLUSTRATIONS DE ROCHEGROSSE

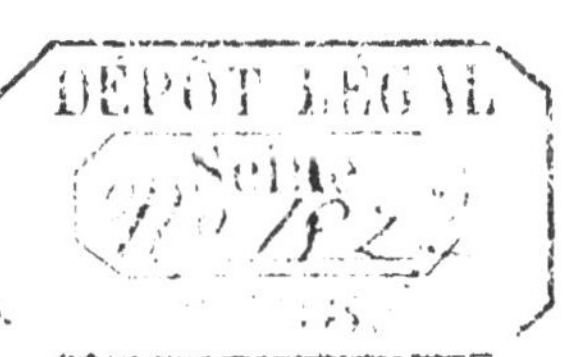

## PARIS

### PAUL OLLENDORFF, ÉDITEUR

*28 bis, Rue de Richelieu, 28 bis*

1893

## PERSONNAGES

~~~~~~~

M<sup>me</sup> PAILLASSE . . . . . .          M<sup>lle</sup> Marguerite Deval

PAILLASSE . . . . . . . .          MM. Fordyce

JOCRISSE . . . . . . . . . .          Flers
~~~~~~~

# PROLOGUE

Le prologue se dit devant le rideau baissé. La salle est dans l'obscurité.


PAILLASSE, (au public. Il tient une lanterne allumée.)

Mesdames !... pas Messieurs !
Vous voyez que je suis sans gêne,
Et je viens, nouveau Diogène,
Cherchant sous les reflets douteux
De ce flambeau qui va clignant des yeux,
Une femme du monde,
D'allure austère et pudibonde ;
Et comme je suis bon... trop bon !. . je la préviens
Que je vais employer de très vilains moyens,
Des procédés rabelaisiens
Pour que sa rate
Se dilate !
Que je vais la faire rougir
Õh ! très peu ! pour le seul plaisir,
Astucieux diplomate,
De voir s'épanouir
Sur les lis purs de sa peau mate,
Le vermillon de la tomate
Ou le carmin de la rose ecarlate ;

Pour l'entendre épeler mes couplets en détail
Et se tordre à l'abri du pudique éventail ;
     Surtout enfin, pour qu'elle dise :
      « Fi ! le vilain auteur !
     Oser offrir pareille marchandise ! »
     Non, Mesdames, n'ayez pas peur...
Rassurez-vous... ma muse à la bonne franquette
     Se grise avec une chanson
     Et porte, au lieu d'une casquette,
     Le bonnet de Mimi Pinson !
Je pourrais vous offrir des mots crus, sans vergogne
Comme on en risque à table, arrosés de bourgogne.
Non ! je les servirai mijotés, cuits à point,
Ayant de la rondeur, mais non de l'embonpoint ;
Le mot à double sens y trouvera carrière,
Pudique à l'avant-main, bon vivant à l'arrière !
Quant au sous-entendu, ce sera tout profit :
Je dirai... la... voilette, au lieu de... ça suffit...
Si l'on ne comprend pas... vous, Monsieur, je suppose,
Dame Paillasse est là pour expliquer la chose.
Vous le voyez, ma Muse, en somme, est bonne enfant !
Elle permettra tout ! Mais ce qu'elle défend,
C'est d'apporter céans des mines de carême ;
Il faut que les moins gais se montrent gais quand même !
Que l'on oublie ici la vie et son train-train
Pour savourer mon vers et chanter mon refrain !
L'époux, à la maison sévère et conjugale,
Grâce à moi, va rentrer avec l'humeur égale,
Et vos petits enfants, autour de vous rangés,
Trouveront leurs parents plus gais et moins âgés.
En un mot, l'âge d'or parmi vous va renaître ;
Vous cuirez doucement dans un jus de bien-être.
Foin des couplets poncifs, bourgeois, trop bien peignés !
Les nôtres leur feront d'énormes pieds de nez
Malgré la rime pauvre et presque dans la dèche.
     Oui, je veux rire comme un fou !
     Et me moquer de la pimbêche

Longue comme une canne à pêche,
Serrée en son corsage et raide comme un clou.
Qui dit que les enfants se trouvent sous un chou !
D'abord, ce n'est pas vrai du tout ;
Je pourrais vous vendre la mèche,
Je trouve plus décent de ne point vous dire où.

(Regardant sa lanterne).

Diable ! il faut que je me dépêche !
Comme moi, ma bougie expirante est à bout ;
Elle va casser sa bobèche !
Je me sauve ! . A propos... tâchez d'applaudir tout.

# PARIS-FORAIN

Le théâtre représente une baraque de la foire. De chaque côté de
la porte, des portants soutiennent des décors roulés et cachés par
une bande de velours. — Au changement, Jocrisse et Paillasse
prennent chacun une toile et la déroulent.

PAILLASSE, (entre sans regarder le public.)
(Voyant le public).

 Oh ! pardon !
  (A la coulisse).

   Madame Paillasse !

MADAME PAILLASSE, (à la cantonade).

 Mon ami ?

   PAILLASSE, (de même.)

  Tout le monde est là.
Une foule choisie attend sur cette place
Vas-tu jusqu'à demain t'admirer dans la glace ?

MADAME PAILLASSE, (de même.)

On y va, que diable ! On y va !
Le temps de mettre un doigt de poudre.

PAILLASSE

Et Jocrisse ?

JOCRISSE, (entrant.)

Patron, il m'a fallu recoudre
Quelques boutons à mon grimpant.

PAILLASSE

Moi, je crois, sacripant,
Que tu viens d'en conter encore à la patronne.

JOCRISSE

Si l'on peut dire ! Une personne
Si bien née et toute à son art.

MADAME PAILLASSE, (entre et gifle Paillasse.)

Trouves-tu maintenant que je suis en retard ?

PAILLASSE

Non pas ! non pas !

MADAME PAILLASSE

             La femme de César
       Quoique passionnée,
Ne doit pas être soupçonnée.

JOCRISSE

Pourquoi César ?

PAILLASSE

           Un prénom du hasard !

MADAME PAILLASSE, (au public.)

Messieurs, faites excuse
Pour ce drame passionnel.
Par une injustice du ciel,
Plus la femme est honnête et plus l'homme en abuse.

(à Paillasse)

Allons, mon vieux, cessons ce différend
Et vas-y de ton boniment.

PAILLASSE, (au public)

Nobles, bourgeois et même princes !
Ceux de la capitale et ceux de nos provinces,
Les travailleurs et ceux qui ne font rien du tout,
Les grands et les petits, les dodus et les minces,
Vous faites preuve de grand goût,
En venant écouter notre étonnant bagoût...

MADAME PAILLASSE

Oui, mes amis, étonnant ! je l'atteste !
Si ce n'est pas modeste,
C'est vrai ! car nous avons la parole, le geste
Et le reste.

JOCRISSE

D'ailleurs, si l'un de vous proteste
Et se montre trop exigeant,
Je le préviens d'avance, on ne rend pas l'argent.

PAILLASSE

Venez contempler nos merveilles !
Ecarquillez vos yeux !

JOCRISSE

Retirez le coton qui bouche vos oreilles,
Vous n'entendrez que mieux
Des choses sans pareilles.

### MADAME PAILLASSE

Permettez tout d'abord
Que nous vous présentions la troupe
Une, deux, trois, voici le groupe !
C'est tout de marbre et ça vaut d'l'or !
(Montrant Paillasse.)
Paillasse ! mon époux ! c'est pas grand, mais c'est fort !
Il ne descend pas des croisées
Comme un déménageur à la cloche de bois.

### JOCRISSE

Grâce aux cartes apprivoisées,
Il descend des vieux Grecs, en retournant les rois.

### MADAME PAILLASSE, (montrant Jocrisse.)

Vous voyez ce garçon à la mine falote
Il naquit par hasard au sein d'une roulotte
Sous les ombrages de Neuilly
Au son du tramway de Marly.
Son corps chétif, mais blanc comme l'albâtre
Est partout accueilli
Par les bravos d'une foule idolâtre
Quand, au milieu des tigres de Pezon,

        Il se décarcasse et folâtre
        Comme un chevreau sur le gazon.
Eh ! bien, je veux citer un fait vraiment nomène :
Cet artiste en maillot qui dompte les lions,
Par un caprice vain de la nature humaine,
N'a pas pu jusqu'ici dompter... ses passions !

PAILLASSE, (présentant Madame Paillasse.)

        J'ai gardé pour la bonne bouche.
        Ce ravissant petit bijou,
        Ce Saxe crème, ce joujou,
Celle, en un mot, qui partage ma couche !
        C'est frais, c'est jeune et pas farouche !
        Pour l'adresse, elle n'en craint pas !
        Elle jongle avec des compas !
Elle plie un morceau de fer sur son beau bras
Et fait le grand écart sans déchirer son bas !

JOCRISSE

        Si l'un de vous l'exige,
        Elle n ettra sa tête en bas.
        Mais cependant n'insistez pas.
        Car ça lui donne le vertige !

MADAME PAILLASSE

        Et ça me fait saigner du nez.

PAILLASSE

Mais si vous l'entendiez faire des gammes folles
        En tapant sur des casseroles,
        Vous voudriez être abonnés,
        Si ses parents n'étaient pas nés
        Sur les hauteurs des Batignolles.
        Ce prodige au regard vainqueur

Aurait dû naître à Sainte-Adresse.
Enfin, messieurs, elle a bon cœur !
Et vous donnera... son adresse.

MADAME PAILLASSE, (chante.)

Air de : *l'Oncle Célestin* (Langlois).

### I.

Vous le voyez par là,
La troupe est plein' d'éclat,
Cell' du théâtr' Français
Peut avoir un très grand succès,
Mais cela tient surtout
A c'quell' voyag' beaucoup
Et qu'ell' colporte
De porte en porte
Molière ou bien Sardou.
La nôtr' se contente
De planter sa tente
Chez du mond' chic
De faire les pîtres
Sans casser les vitres ;
C'est là le hic !
Mais quand j'vous contemple,
J'dis qu'c'est sans exemple
De voir un public
Un public, un public
De voir dans Paris un aussi chic public.

### II.

Y a des gens pleins d'aplomb
Qui demain vous diront
Qu'ils trouvent beaucoup plus beau
L'Opéra d'madam' Salambo.
On dira c'qu'on voudra
Mais en somm' l'Opéra
S'il est si large
C'est qu'il émarge

Sur le budget de l'État
Notr' troup' se contente
De planter sa tente
Chez du mond' chic
De faire les pitres
Sans casser les vitres ;
C'est là le hic !
Mais quand j'vous contemple
J'dis qu'c'est sans exemple
De voir un public
Un public, un public
De voir dans Paris un aussi chic public !

PAILLASSE

Vous n'aurez pas besoin de pénétrer dans l'antre,
        Car nous travaillons en plein air
        Pour embêter monsieur Henner ;
        C'est plus commode et bien moins cher.

MADAME PAILLASSE

Je pourrais vous offrir une danse du ventre
        Mais, par malheur, mon médecin
        Me l'interdit, c'est très malsain.
                (Elle chante.)
        Allez tout bonn'ment au théâtre,
        Et vous verrez, rien n'est plus gai,
        Si la pièce est un peu folâtre,
        Danser celui d'monsieur Sarcey (bis).

PAILLASSE

Vous n'aurez pas non plus de surprenantes bêtes
Des moutons à cinq pieds ou des veaux à deux têtes.

MADAME PAILLASSE, (chantant.)

        Ces têt's sont bell's à contempler ;
        Consolez-vous d'votre infortune
        Et sachez donc vous contenter
        De monsieur Viaud qui n'en a qu'une !

JOCRISSE

Quant aux lapins, il paraît qu'on les dresse !
Vous n'aurez point ce spectacle chez nous.

MADAME PAILLASSE

Au grand jamais ils n'auront mon adresse
Ils sont bien trop exacts au rendez-vous.

(Elle chante)

Oui, je le hais, cet animal vulgaire
Trop oublieux des services rendus !
Mieux que Pasteur nous lui faisons la guerre,
Pour le punir de nos moments perdus.

C'est en tous lieux que le lapin pullu'e ;
Dans les boudoirs il entre et fait le beau ;
Puis quand on vient d'avaler la pilule,
Il file et donne... un grand coup de chapeau.

Puis vient un jour où devant une glace,
On se maquille, on se poudre, on se peint,
De quelque ride, on veut cacher la trace
Et c'est le temps qui vous pose un lapin !

Oui, je le hais cet animal vulgaire,
Ce va-nu-pieds, ce gueux, ce mal appris,
Mieux que Pasteur nous lui faisons la guerre
Il nous rendra tout ce qu'il nous a pris !

(Parlé).

D'autres, des charlatans pourraient s'en tenir là...

PAILLASSE

Nous, messieurs, nous voulons soigner la clientèle.

JOCRISSE

Nous ne disputons pas sur des bouts de chandelle
Et l'on fera ce qu'il faudra.

PAILLASSE

Nous mettrons les mains à la pâte,
Mais n'ayez pas le tracassin,

JOCRISSE

Et que personne ne se hâte
De regagner son traversin !

MADAME PAILLASSE

Enfin, mes amis, je vous gâte
Car je vais vous montrer mes cinq
Mes cinq... ou six objets à vendre.

PAILLASSE

On peut les voir, on peut les prendre
C'est du bien fait et du nouveau.

MADAME PAILLASSE

Et ça ne coûte qu'un bravo !

(Roulements, cymbales, etc.).

PAILLASSE

(Il chante).

(Air des : *Portugais*).

Nous montrons dans notre baraque
Le vitriol sur le jupon
D'Yvett' Guilbert et la casaque
Du jockey d'mam'zell' d'Alençon.

JOCRISSE

Vous verrez monsieur Jul' Lemaitre
Tendre la main à Georges Ohnet
Et, sur l'affiche, reparaître
Un' comédi' d'Ernest Daudet.

MADAME PAILLASSE

Dans les théâtres, plus d'entr'actes,
Puis, en sortant de chez Doucet
Toutes les femm's seront exactes
Aux rendez-vous de cinq à sept !

(Ensemble).

Digne compagne de Paillasse
Avec le rire et la gaité,
Je viens guérir sur cette place,
Tous les maux de l'humanité.

PAILLASSE (parlé).

Pour ne pas vous laisser trop longtemps dans l'attente,
Voici notre premier tableau.

(Sifflet. — Il décroche une toile représentant le Palais de l'Industrie, pendant que Jocrisse en décroche une autre, le Palais des Beaux-Arts).

JOCRISSE

La couleur en est excellente
Ce n'est donc pas du Bouguereau.

MADAME PAILLASSE

On ne voit pas le Christ en jaquette élégante
Ce n'est donc pas de Jean Béraud.

JOCRISSE

La toile n'irait pas de Paris jusqu'à Vannes,
Ce n'est donc pas de Puvis de Chavannes.

PAILLASSE

Si c'était de monsieur Bonnat.
Je vous le dirais tout de suite ;
Pour être franc ce tableau n'a
Qu'un seul, mais immense mérite.
Aussi nouveau que sain,
C'est d'être peint à l'huile de ricin,

La seule obligatoire
Pour un vrai tableau de la foire.

MADAME PAILLASSE

Vous reconnaissez les Palais
Des Beaux-Arts et de l'Industrie.

JOCRISSE

Pourquoi beaux ?... Mais je me récrie !
Ils sont le plus souvent fort laids.
Et pourquoi deux palais ?

MADAME PAILLASSE

Pour que l'un fasse
La grimace
A celui d'en face

PAILLASSE, (chante).

Là-bas, au Champ d'Mars, on expos' des toiles
Autant qu' le bon Dieu met au ciel d'étoiles
Ce que l'on gâch' d'huil' c'en est écœurant.

JOCRISSE

L'Palais d'l'Industrie en fait tout autant !
Au Champ d'Mars, on donn' toujours la cimaise
Aux vieux ; c'est les jeun's qui la trouv'nt mauvaise
De passer après Carolus Duran.

MADAME PAILLASSE

L'Palais d'l'Industrie en fait tout autant.
Au Champ d'Mars, ils ont un velum immense
Les femm's, là-dessous, luttent d'élégance.
C'est pour le velum qu'ell's vienn'nt si souvent.

Tous

L'Palais d'l'Industrie en fait tout autant.

JOCRISSE

Mais pourquoi se font-ils la guerre ?
De différence entre eux, je n'en vois guère !

PAILLASSE

Ce n'est pas compliqué !
Le Champ de Mars s'est piqué
De n'être pas au coin du quai !

(Il chante).

Vous savez qu' monsieur Bonnat
I é a !

JOCRISSE

A voulu s'réconcilier
A i é !

MADAME PAILLASSE

Tout l'mond' l'avait applaudi
A é i !

PAILLASSE

Mais Puvis a fait l'gros dos
A i o !

MADAME PAILLASSE

Et personn' n'a plus voulu
A e i o u !

PAILLASSE

Bonnat r'f'ra du chocolat
I é a !

JOCRISSE

Puvis des gens mal tournés
A i é !

MADAME PAILLASSE

Béraud des p'tits Jésus-Christ
A é i !

PAILLASSE

Et parmi tout's ces chromos
A i o !

MADAME PAILLASSE

On aura des crout's de plus !
A é i o u !

PAILLASSE, (parlé)

Mais l'artiste contemporain
Le plus digne d'orner un spectacle forain.

JOCRISSE

C'est lui, tu l'as nommé, le caricaturiste...

MADAME PAILLASSE

Si gai, si gai. qu'elle en est triste !

*(Elle chante).*
*(Les Cloches de Corneville).*

Du grand Daumier il veut suivre la trace
Et d'un crayon pointu comme un stylet
En traits sanglants, il note la grimace
De l'ouvrier, du bourgeois, du valet !
De la cocotte il met à nu l'alcôve,
Des usuriers raconte les bienfaits
  Et tape avec un plaisir fauve
  Sur le bedon des satisfaits !

PAILLASSE

Après tous les pantins obscurs
Dont il fait jaillir l'étincelle,
On n'a plus qu'à tirer l'échelle !

JOCRISSE

Pardon ! d'où viennent sur les murs
Ces messieurs et ces demoiselles
Costumés en polichinelles ?

MADAME PAILLASSE

Tu veux parler des rois de nos cafés-concerts ?

PAILLASSE

Tu voudrais voir Paulus, Bruant, toute la lyre.

JOCRISSE

Non pas ! non pas !

PAILLASSE, *déroulant le tableau.*

   Tant pis ! Je te les sers !
Car de la longue Yvette, on ne saurait médire !

MADAME PAILLASSE

Tiens, tu me fais sourire !
Parce qu'elle est décolletée en V

Voilà le public enlevé !
Mais j'en saurais faire autant qu'elle.

PAILLASSE

Tu ne manques pas de toupet.

JOCRISSE

Fais-en juge la clientèle...

MADAME PAILLASSE

Oh ! la la ! mais le temps de trouver le lacet...

PAILLASSE

Eh ! que fais-tu ?

MADAME PAILLASSE

Je me dégrafe

PAILLASSE, l'arrêtant.

Nous parlons de chansons et non pas de corset !

JOCRISSE

C'est que s'il ne s'agit que de ce paragraphe,
Tu peux faire applaudir deux très jolis couplets !

PAILLASSE

Madame, je vous prie, ayons de la tenue !
Vous vous devez au spectateur !

MADAME PAILLASSE

La vérité n'est-elle donc pas nue ?

PAILLASSE

Mais nous la fardons par pudeur.
(au public).
Vous avez l'air de protester, je cède !

Je ne couperai rien, même si c'est trop raide.
Du sieur Fulbert je ne suis pas cousin.

MADAME PAILLASSE

Jocrisse, va chercher au fond du magasin
Une de ces chansons bien crues,
Que tous les mendigots nous braillent dans les rues.

JOCRISSE

J'ai votre affaire et du nouveau.

(Il sort).

PAILLASSE

Et vous, les grands, les ceux couverts de gloire,
Écoutez comme on chante, au concert de la foire.

JOCRISSE

(*Feuilles au Vent*).

(Valse lente).

## I.

S'il était un' femme ici-bas
Qui vivait sans faire d'embarras,
Malgré des dégoûts légitimes
Cell' dont l'passant faisait grand cas
C'était, messieurs, n'en doutez pas,
La vestal' des chalets intimes
D'cinq centimes.

## II.

Elle aurait pu viser ailleurs,
Mais elle aimait les travailleurs
Car nul ne v'nait là pour la frime
Les pauvr's aussi bien que les rentiers
Etaient tous bien dans les papiers
D'la vestal' des chalets intimes
D'cinq centimes.

### III.

Pour surexciter vos esprits,
Voilà qu'on veut doubler les prix
Et c'est nous qui sont les victimes !
Les gens pressés laissaient deux sous
Et l'un des deux était pour nous
Les vestal's des chalets intimes
            D'cinq centimes !

MADAME PAILLASSE

  Après cette lugubre plainte,
Ne vas-tu pas nous moudre ta complainte ?

PAILLASSE

        Volontiers ! mais après
Tu nous roucouleras tes deux jolis couplets
            (Il chante).

### I.

La r'vu' des Deux Mond's est vraiment en colère
        Pour une statue offerte à Baudelaire
            Ah ! mes enfants !
Brun'tière espérait qu'elle serait pour lui,
        Aussi le malheureux en crève de Delpit,
            Ah ! mes enfants !

### II.

Madam' Manchabal est un excellent type
Pour trois filles qu'elle a, voilà qu'on les lui chipe
            Ah ! mes enfants !
Son pauvre cœur de mère est tout en désarroi
Mais si l'homme est richard, ell' l'appelle ô mon roi !
            Ah ! mes enfants !

### III.

V'là les agents d'chang' qui singent les patrons
De vrais empêcheurs de fair' danser les ronds
            Ah ! mes enfants !

Ils vont supprimer la petit' bours' du soir
Les pauvres coulissiers iront fair' le trottoir
Ah ! mes enfants !

## IV.

Les casseus's de sucre se sont mises en grève
Mais pas cell's du mond' ça, c'eût été le rêve
Ah ! mes enfants !
La mondain' jamais n'arrète les travaux
Elle casse du sucre en tout petits morceaux.
Ah ! mes enfants !

## V.

Stanhope est parti pour faire un peu d'épate
Se moquer gaîment de la clique allopathe
Ah ! mes enfants !
Il faut qu' cet homm'-là soit vraiment des plus sain
Pour ètre vivant malgré tous les méd'cins
Ah ! mes enfants !

JOCRISSE (à madame Paillasse).

A ton tour, la jeune première
Et dégraffe-nous ça de la belle manière !

MADAME PAILLASSE (chante).

*Ma Voilette* (Air de ma Gigolette).

### I.

J'avais d'naissance une voilette,
    Ma mère m'a dit :
Pour te la donner, ma fillette,
    Moi, je la perdis...
Fais en sorte que sa dentelle
    Dure très longtemps !
Moi, je m' demande : Où donc est-elle ?
    Depuis le printemps !

A Robinson l'avez-vous vue ?
Ou p't-être au bal de l'Opéra ?
Elle était faite en tulle extra !
Ah ! ma voilette, elle est perdue !
All' s'a fait chiper dans la rue !

### II.

Comme elle était fragile et mince,
    J'avais un tiroir
Où personne, pas même un prince
    N'aurait pu la voir.
Le malfaiteur qui me l'a prise
    Était bien adroit
Pour s'être introduit par surprise
    Dans un tel endroit.

A Robinson l'avez-vous vue ?
Ou p't-être au bal de l'Opéra ?
Elle était faite en tulle extra !
Ah ! ma voilette, elle est perdue !
Eh ! bien, c'est moi qui l'ai vendue !

PAILLASSE

Le dieu de l'Alcazar et des Folies-Bergères
T'a prodigué les dons des artistes légères.

JOCRISSE

Et vous pourriez chanter dans les cours...

PAILLASSE

                                     Étrangères !

MADAME PAILLASSE

Paillasse, grand merci, ton tréteau me suffit.

PAILLASSE, (au public).

Mesdames et messieurs, au cours de la séance,
               Après chaque romance,
Madame fait un tour... celui de l'assistance,
Sur un pied ou sur deux, selon. la convenance,
           C'est là son seul petit profit...
           Le vôtre est fantastique !
           Puisque, pour quelques sous,
           Vous vous offrez le luxe asiatique
           De contempler tout près de vous
Sans cependant la faire asseoir sur vos genoux
               Cette personne unique
                 Par sa fraîcheur et sa plastique !
              En avant la musique !

                 (Roulement).

MADAME PAILLASSE

Non, messieurs, arrêtez votre élan généreux,
           Rengainez vos billets de mille,
Nous perdrions ainsi des instants précieux,
           Je trouve plus facile
Que vous les apportiez à domicile.

PAILLASSE

Son adresse ! toujours ! admirable sujet !

JOCRISSE

L'équilibre du corps et celui du budget.

PAILLASSE

Vous avez assez vu ce décor admirable.
Au suivant !
(Ils déroulent la boutique de Guerre et l'intérieur de Tortoni).
En avant la musique !
Un peu d'potin ça fait toujours plaisir.
(Sifflet).

MADAME PAILLASSE

Commençons par donner un dernier souvenir
À Tortoni qui va fermer boutique.

JOCRISSE montrant Aurélien Scholl.)

Tortoni ! rendez-vous de ce grand homme à table.

MADAME PAILLASSE

Et Guerre ! autre célébrité.

JOCRISSE

Emportant dans l'éternité.
Coup désastreux pour celui qui les aime,
Des montagnes d'éclairs et de choux à la crème.

MADAME PAILLASSE

(Rondeau).

Après minuit, quand l'Opéra-Comique
Sur le signal, éteignait ses quinquets.
La parisienne, en toilette magique
Venait tremper ses lèvres aux sorbets.

Le lendemain, elle courait chez Guerre
Et, se bourrant de plantureux babas,
Laissait penser, le soir, ne mangeant guère,
Qu'elle vivait du parfum des lilas !

A Tortoni, quand sonnait l'heure verte
Qui donc a dit que les absinth's ont tort ?
Des écrivains, la phalange diserte,
Sur le prochain médisait sans effort.
De trente mots d'esprit à la minute
Aurélien Scholl a fourni le record
Que seul, Grosclaude, à présent lui dispute.
Sous les lambris de ce riche décor !

PAILLASSE

L'heure est venue,
De passer en revue
Nos pantins et nos bibelots.

MADAME PAILLASSE

Voici d'abord le chasse-camelots
La canne, dernier cri de nos gommeux modernes,
Elle pèse au moins trois kilos !
Trois kilos, messieurs, je l'affirme,
D'un seul morceau d'acier fondu,
Je la tiendrais à bras tendu
Si je ne craignais pas de devenir infirme.

PAILLASSE

Sais-tu que cette canne est un engin de guerre
Qui pourrait nous mener en terre ?

JOCRISSE

Mais alors c'est la cannebière.
Demandez les plumes de paon !

MADAME PAILLASSE

La tranquilité des familles !

JOCRISSE

Vous chatouillez le nez ou le tympan.

PAILLASSE

Et, comme on dit, « ça fait plaisir aux filles ! »

JOCRISSE

Mais le mari
S'en montrait tout marri !
Et l'épouse,
Jalouse,
De la plume étrangère éloignait son chéri.

MADAME PAILLASSE

Madame, je vous somme
De ne pas chatouiller ainsi mon petit homme !

PAILLASSE

Et moi, monsieur, je vous défends
D'émoustiller la mère de mes enfants !
Monsieur Prudhomme avec sa demoiselle
Fait résonner sa voix de magistrat :
Mes bons amis, respectez au moins celle
Que l'un de vous peut-être épousera ;
Et puisqu'un jour vous pourrez à votre aise
La chatouiller... après l'échange des serments,
N'éveillez pas sur sa lèvre de fraise
Avant d'être maris, le frisson des amants.

JOCRISSE

Et les plumes vertes et bleues
S'enlevaient avec tant d'entrain
Que les paons avaient le chagrin
De se balader sans leurs queues.
Devant ce spectacle éhonté,
Le préfet prit un arrêté

Le camelot revint bredouille.
Adieu ! les délic's de chatouille !
Et les paons ont été charmés
De voir que les marchands étaient aussi plumés.

(Il chante).

On se chatouillait tendrement
Par le bi, par le bout, par le bi du bout du paon,
Sans se connaître aucunement
Par le bi, par le bout, par le bi du bout du paon !

PAILLASSE

On agaçait sa bell' maman
Par le bi, par le bout, par le bi du bout du paon.
Le beau père en faisait autant,
Par le bi, par le bout, par le bi du bout du paon !

MADAME PAILLASSE

On glissait son p'tit instrument
Par le bi, par le bout, par le bi du bout du paon !
Dans la nuque ou dans le tympan
Par le bi, par le bout, par le bi du bout du paon !

PAILLASSE

Changeons notre fusil d'épaule ;
Vous devinez sans effort
Que je mets ce vers là pour rimer avec Pôle
Nord !

JOCRISSE

La femme n'ayant pas encor
Assez d'occasion de chûte,
Elle aura la facilité
De faire à chaque minute
Une savante culbute
Pour montrer sa dextérité.

MADAME PAILLASSE (Elle chante.)

### I.

Madame, vous voulez, je gage,
Dit le monsieur d'un ton pressant,
Une leçon de patinage ?
          C'est bien glissant !
Je vous tiendrai d'une main sûre
          Tout près, tout près,
Nous presserons un peu l'allure
          Exprès, exprès,
Et vous direz, je vous assure,
          Après, après,
Tant pis si j'ai la courbature,
Je sens que je fais des progrès.

### II.

Monsieur, je crains un peu la glace,
Dit-elle d'un ton caressant,
Dans mon traineau, j'ai de la place.
          C'est moins glissant !
Vous vous mettrez sous la fourrure
          C'est chaud ! bien chaud !
C'est juste la température
          Qu'il faut, qu'il faut !
Et vous me direz, je vous jure,
          Bientôt, bientôt,
Je sens au cœur une brûlure
Malgré dix degrés sous zéro !

MADAME PAILLALSE

Pour attirer la mère de famille,
On refera chaque matin
Soit de la glace à la vanille,
Soit du machin au marasquin.

JOCRISSE

J'espère bien que le patin
          Va détrôner enfin
La bicyclette sa rivale.

PAILLASSE

Malheureux ! insulter la divine pédale !
Ton audace est pyramidale,
Songe donc que nous avons là
Un interminable boa
Prêt à venger ton hérésie.

JOCRISSE

Ah ! n'ouvre pas, je t'en supplie !

MADAME PAILLASSE

Quoi, ne devons nous pas montrer à ces messieurs
Que nous n'avons pas froid aux yeux ?

PAILLASSE

Contemplez-le, cet animal unique !
Il nous arrive d'Amérique
Attendu que le caoutchouc
Ne pousse pas comme le chou
Au sein des plaines de Chatou.

MADAME PAILLASSE

De tous les serpents de sa race,
Le plus souple et le plus malin,
Il est encor le plus vorace
Puisque cet animal sans fin
Tous les jours dévore l'espace.

PAILLASSE

En un mot, c'est le fameux pneu,
L'incomparable pneumatique ;
Par malheur on y trouve un ch'veu
C'est qu'il crève par le milieu
Aussi vite qu'un hydropique.

MADAME PAILLASSE

On ne se sert plus en public
Des mots : gratin, pschutt ou bien chic

On ne dit plus d'un bon jeune homme :
« Il fait sa poire ou bien sa pomme »
Mais en voyant monsieur et sa raie au milieu,
On dit : « Machin est vraiment pneu ! »

(A un monsieur)

Pardon, monsieur, mais depuis un quart d'heure
Vous me lancez un si brûlant regard
Que je fondrais comme du beurre
Si ce n'était un effet du hasard !

PAILLASSE

Du hasard !... Tu plaisantes !
Je vois très bien que mon seigneur
Te fais de l'œil afin que tu lui chantes
« Le bicyclettiste amateur »

MADAME PAILLASSE

Comment c'est vrai ? Mais il fallait le dire !
Le temps d'esquisser un sourire.

(Elle chante)
Air du : *Réserviste*

Le dos voûté, les mollets nus
Il traverse comme un obus
Un tas de pays inconnus
Dont il ne se souvient mêm' plus !

Jamais un bicycliste
N'arrête à l'improviste
Et quand on le voit triste
C'est qu'il s'est trompé de piste.
Pneu, pneu, ratapatapneu,
On le trouve un peu partout
Pneu, pneu, ratapatapneu,
Vive la bille et l'caoutchouc !
Pneu !

La femme sur cet instrument
Porte un pantalon si collant
Que l'on devine exactement
Les rout's de son département.

Jamais un bicycliste
N'arrête à l'improviste
Et quand on le voit triste
C'est rapport au moraliste !
Pneu ! pneu ! ratapatapneu !
Les rout's du département
Pneu ! Pneu ! Pataratapneu,
Vous ont des aperçus charmants !
Pneu !

Ils ont encore un p'tit grelot
Une tromp' qui fait peur aux chevaux
Et s'ils sentent un soubresaut
C'est qu'ils écrasent un marmot !

Jamais un bicycliste
Ne s'occup' d'un sinist'
Et s'il est souvent triste
C'est que le marmot résiste,
Pneu, pneu, ratapatapneu,
Il écrase comme un fou,
Pneu, pneu, ratapatapneu,
Le marmot dur ou l'marmot mou.
Pneu !

PAILLASSE

Enfin le P'tit Journal, toujours plein de ressource,
Voulant de la critique arrêter la fureur
Veut organiser une course
Pour rattraper les billets de faveur.
(Il chante).

Air de : *Guigne en haut.*

Y avait un' fois un quémandeur,
Guigne en haut, guigne en bas,

Guigne-moi  le directeur !
Il  voulait un  billet d'faveur,
Guigne  en haut,  guigne en bas,
Pour fair'  patienter  son tailleur !

Quand l'directeur  tenait un  four,
Guigne en haut,  guigne en  bas,
Guigne-moi  l'excellent tour !
Le quémandeur  faisait d'mi  tour,
Guigne en  haut,  guigne  en  bas,
Guigne-moi  le joli  four.

JOCRISSE

Mais quand  applaudissait Sarcey
Guigne en haut,  guigne en  bas,
Guigne-moi  le gros  succès !
De sa porte  on forçait  l'accès,
Guigne en  haut,  guigne  en bas,
Guigne-moi  tous  ces  billets !

PAILLASSE

Aussi, quand  l'théâtre était  plein,
Guigne en haut,  guigne en  bas,
Guigne-moi  le strapontin !
Dans la caisse  on fouillait en  vain
Guigne en haut,  guigne  en  bas,
Peau de balle  et  balai d'crin !

MADAME PAILLASSE (Elle chante.)

Rondeau

Le voilà bien,  ce brandon de  discorde
Que tant de  gens ont  courtisé jadis.
Des créanciers,  il arrêtait la  horde
Et vous faisait  gagner  le paradis.

Votre portier  vous parlait tète  nue
Au seul espoir  d'un méchant strapontin

Et la petite ouvrière ingénue
Contre un fauteuil troquait son traversin.

Votre bottier remportait sa facture
Comme la Chatre avec un bon billet ;
Quelques-uns même en faisaient de l'usure
En le vendant très cher au mastroquet.

Puis, ô misère, ingratitude humaine
De la faveur ces bienheureux élus,
Vous épluchaient à l'envi chaque scène
C'était toujours ceux qui sifflaient le plus.

Ce temps n'est plus, il reviendra peut-être ;
En attendant, le terrible portier,
N'espérant rien, va nous parler en maître
Et le tailleur fera parler l'huissier.

Quant aux amours bon marché de Lisette
Il nous faudra, car tout a renchéri,
Pour chiffonner sa blanche collerette,
Les billets bleus illustrés par Baudry.

PAILLASSE (parlé)

Voici quelqu'un sur mon honneur
Qui n'a jamais donné de billets de faveur.

MADAME PAILLASSE

Oh ! quelle est cette vieille anglaise ?

PAILLASSE

C'est Miss Helyett, ne te déplaise

JOCRISSE

Et ce vieux monsieur tout gaga
C'est son copain Piccaluga !

MADAME PAILLASSE

Mais c'est un couple centenaire !

PAILLASSE

Tu l'as dit : ces deux vieux, ô destinée amère !
Ne s'arrêteront de chanter
Qu'au jour du jugement dernier.

JOCRISSE

Mais la date de la première
Est si loin, si loin qu'on va faire
Un télescope tout exprès
Pour voir la lune de plus près.

PAILLASSE

Et les auteurs ont fait une telle fortune
Que l'un dit d'un air conquérant :
Nous *Boucherons* tous les trous à la lune.

JOCRISSE

Et l'autre lui répond : Ma foi, j'en fais *Audran*.

PAILLASSE

Ne quittons pas ce sujet de derrière
Les fagots,
Sans vous parler de la dernière
Création qui doit épater les gogos.
Vous savez tous qu'un homme orchestre,
Ambassadeur du roi Pétaud
Sur l'instrument cher à Sylvestre
Fait concurrence au piano.

PAILLASSE

Air des : *Municipaux*

Cet artiste éclatant
Remplace sans mystère,

De tout un régiment,
La musique militaire ;
Il dit qu'il est ténor
Mais moi, je m'imagine
Que son ut de poitrine
Ne nous vient pas du nord.

JOCRISSE

J'espèr' que ce malade
    Trouv'ra bientôt
Un spectateur maussade
    Et pas manchot
Qui, d'une bastonnade
Écrite sur son dos,
En guis' de Rigollot
Calmera son solo !

MADAME PAILLASSE

Que reste-t-il encor ?

PAILLASSE

Mais il reste d'abord
A changer de décor.

(Il déplie la toile de droite. Jocrisse celle de gauche).

JOCRISSE (montrant la toile de gauche,

représentant les boulevards le 22 Septembre, une toile en blanc.)

Mais c'est le désert du Sahra

PAILLASSE

Ne prends pas des airs de Sarah
Nous allons t'expliquer cela ;
Pour laisser passer le char de l'Etat,
On supprima chaque refuge !

PAILLASSE

Et cette bêtise coûta
Deux cent mille francs !

JOCRISSE

Quel grabuge !

MONSIEUR ET MADAME PAILLASSE

Mais le char de l'État ne passait toujours pas !

MADAME PAILLASSE

On mit alors tous les arbres à bas.

JOCRISSE

Ah ! ça, voyons, c'est une charge !

MONSIEUR ET MADAME PAILLASSE

Le char était toujours trop large !

PAILLASSE

On fit alors reculer les trottoirs
Les kiosques et les... reposoirs !

MADAME PAILLASSE, JOCRISSE

Le char était toujours trop large !

MADAME PAILLASSE

Pour lui donner un peu de marge,
On supprima tous les piétons
Les boutiques et les maisons.

Tous

Le char était toujours trop large !

MADAME PAILLASSE

Alors, quelqu'un dit : « Je m'en charge ! »

C'était le grand, le seul Bouvard !
« Qu'on supprime le boulevard ! »

Tous

Et l'on vit s'avancer les chars
Occupés par un tas d'pochards !

*(Ils chantent tous trois en faisant les mêmes gestes).*

Air des : *Vieux Tableaux.*

### I.

Ah ! c'était un bien beau cortège
Que tous ces chars en papier peint
Traînés par des ross's de manège,
D'omnibus et même de sapin.
Pour meubler chaque tapissière
Et contenter tous les amis
On avait collé Robespierre
A côté d'un soldat d'Valmy.
Voltaire y figurait aussi.
C'était un vrai Valmygondis.

Salut à la mascarade qui passe,
Salut, salut à tous ces oripeaux ;
Vous auriez dit la famill' de Paillasse
Gesticulant du haut de ses tréteaux.
Salut à la mascarade qui passe
Salut, salut, à tous ces oripeaux !

## II.

Pour honorer la grande époque,
Il fallait bien, un d'ces matins,
Fair' prendre l'air à la défroque
De tous ces sinistres pantins.
Sur les massacres de Septembre
Commander à madame Holmés
Un peu de musique de chambre
Avec accompagn'ment d' gross' caisse ;
Et fair' danser un rigodon
A messieurs Marat et Danton !

Salut à la mascarade qui passe,
Salut, salut à tous ces oripeaux ;
Vous auriez dit la famill' de Paillasse
Gesticulant du haut de ses tréteaux
Salut à la mascarade qui passe
Salut, salut, à tous ces oripeaux !

PAILLASSE, (montrant l'autre toile en blanc également).

Les cipaux sont cachés
Et les anarchistes couchés ;
Mais l'obélisque, aimable monument,
A quitté sa chaise curule
Pour éviter l'encombrement
Et pour que la troupe circule.

JOCRISSE

Depuis le matin jusqu'au soir,
On n'a distingué qu'un point noir ;
C'était une jeune personne
Aussi laide que négrillonne ;
Un explorateur du Congo
De ceux à qui l'État donn' l'argent à gogo,
Nous ramenait cette noix de coco
De l'Empire du grand Poppo.

MADAME PAILLASSE

Tu ne dis pas qu'à l'arrivage,
L'explorateur s'est empressé
De présenter Fleur-de-Cirage
A quelqu'un de très haut placé.

PAILLASSE

Et voici le quatrain plaisant
Dont vous serez tous éblouis,
Qu'a récité la petite Bon-Zan
Dans la langue de son pays :
  « Ti bon roi, ti bon papa
  « Toi barbe couleur moka
  « Toi, venir à Kotonou
  « Bouffer du blanc avec nous ! »

Après ces vers séraphiques
Le monsieur très haut placé
Entre ses bras mécaniques
Prit Bon-Zan pour l'embrasser.
Et pour étonner le monde,
Par une phrase profonde,
Il dit, ôtant son chapeau :
« J'embrasse le Grand Poppo ! »

JOCRISSE

Du grand Poppo, le roi sans défiance
  Conclut de suite une alliance !

PAILLASSE

Savez-vous bien que, pour des charlatans,
  Nous sommes épatants.

JOCRISSE

  Parbleu ! qui le conteste ?

PAILLASSE

Oh ! personne, à coup sûr, et cela va de reste !
Mais savez-vous pourquoi nous frappons l'univers
          D'une façon supérieure ?

MADAME PAILLASSE

Non pas ?

PAILLASSE

          C'est que depuis deux immenses quarts d'heure,
          Comme un certain monsieur Arvers
          Nous parlons tout le temps en vers.

JOCRISSE

Pas possible !

PAILLASSE

          Parole !

MADAME PAILLASSE

          Et pour le même prix ?

PAILLASSE

          En province comme à Paris
Je n'augmente jamais les places d'une obole !

MADAME PAILLASSE

          Demandez à monsieur Bertrand
              S'il en ferait autant ?

JOCRISSE

          Eh bien, je vous propose
De parler maintenant en prose.

MADAME PAILLASSE

Oh ! la la ! je ne pourrai plus !
A présent que je suis lancée

Sur mes lèvres les vers montent comme le flux ;
Et le divin Pégase emporte ma pensée.

PAILLASSE

Tant pis ! rimons, ça ne me fait pas peur.
Je vous présente un petit ascenseur
Que l'on va placer à la Bourse ;
Unique et suprème ressource
De l'honnète spéculateur.

JOCRISSE

Cette mesure était pressante
Car à la cote d'aujourd'hui
C'était de la fatigue autant que de l'ennui
Pour se hisser jusqu'à la rente.

MADAME PAILLASSE

C'est ce que me disait un caissier comme il faut
Qui sortait de Poissy tantôt.
L'agent de change au moins n'aura plus rien à craindre ;
Car vraiment la rente est si haut
Qu'il fallait voler pour l'atteindre.

(Un roulement de tambour).

PAILLASSE

« Habitants de Paris
Vous êtes avertis
Que tous les chiens, grands et petits,
Sous peine d'être mis à l'instant en fourrière
Devront se balader ornés de muselière. »

(Un roulement).

Voici l'instrument imposé
Par le préfet, monsieur Lozé,
Aux cabots avec ou sans queue
De Paris et de la banlieue
Mais les plus vexés de tous
Ce sont les pauvres toutous
Qui, honteux de leur supplice,
Ont, au préfet de police,
Écrit des mots aigre doux !
Triste lettre sentimentale
Du griffon d'une horizontale.

(Il chante).

Air de : *la Carotte.*

Au nom de ma pauvre maitresse,
Monsieur Lozé, je viens à vous,
J'étais l'objet de sa tendresse
Nos entretiens étaient si doux
Pendant ces longues solitudes
Je faisais oublier l'absent
Mais, si j'interromps mes études,
Elle va prendre un remplaçant.
Monsieur Lozé, que ma prière
Trouve en vous un cœur généreux
Je vous écris de la fourrière
Avec des larmes dans les yeux. (*bis*

JOCRISSE (parlé

D'un petit chien
Très parisien
Qui, sous les portes cochères
Causait avec ses très chères.

(Il chante).

Quand, autrefois, sans muselière
On rencontrait de bons copains

On se confiait, par derrière,
Les racontars et les potins.
Depuis la nouvelle ordonnance
Tout entretien devient blessant
Et, de la moindre confidence,
Pendant huit jours on se ressent.

(Refrain).

MADAME PAILLASSE (parlé).

D'un caniche plein de bonté
Qui menait un aveugle à travers la cité.

(Elle chante).

C'est un bien modeste caniche
Qui vient à vous, tout langoureux,
Vous croyez me faire une niche
Hélas ! c'est à mon pauvre vieux !
Pendant que, d'un souffle débile,
Il fait gémir son flageolet,
Je ne peux tendre sa sébille
Que la charité remplissait.

(Refrain).

JOCRISSE

Devant ce décret tyrannique
Un compositeur de musique
Se mit de suite au piano
Et composa pour nous ce grand oratorio.

MADAME PAILLASSE (chante).

Air de : *l'Arche de Noé.*

Le chien devenait très méchant
L'préfet était très mécontent
Un bon arrêté, dit-il, et puis qu'on en finisse !
Pardon, cria le commissaire,
Mon chien n'a pas de muselière !

Vous savez, monsieur le préfet, qu'il est de la police.
        N'en parlons plus ça vaudra mieux.
Le préfet, sans rien dire, fit ouvrir parmi les fabricants,
        Un grand concours de muselière ;
        Enfin, pour manifester sa colère,
        Déchaîna ses meilleurs limiers sur la terre.
Mais au milieu de ce vacarme épouvantable.
        On distinguait une plainte lamentable ;
        De la fourrière le bruit venait,
        Et voici ce qu'on entendait
                Écoutez ! Écoutez !
        Le dog faisait ouaoh ! ouaoh !
        Le griffon jappait : ouah ! ouah !
        La cocotte pleurait ! hi, hi. hi, hi,
        Le voleur faisait : bravo ! bravo !
        Le dog faisait : ouaoh ! ouaoh !
        Le griffon jappait : ouah ! ouah !
        La cocotte pleurait : hi, hi. hi, hi !
        Le voleur faisait : bravo ! bravo !
        Le canich' pleurait : ouh ! ouh ! ouh ! ouh !
        Les passants gueulaient : ah ! mais !

La cocott' pleurait hi ! hi ! hi ! hi ! mon p'tit chéri,
Et monsieur le préfet disait : tant pis ! tant pis ! tant pis !
Et l'oratorio est fini !

PAILLASSE

Savez-vous bien par quel moyen
On extermine chaque chien ?
Non, messieurs, vous n'en savez rien,
Cependant rien n'est plus facile
On leur fait bouffer du bacille

JOCRISSE

Bacille !... Il a parlé de bacille ?... En voilà !
Cette carafe est toute pleine
De la plus limpide eau de Seine,

PAILLASSE

Veux-tu cacher cela !
Heureusement que l'Avre avec son eau de source
A l'instar d'un cheval de course
Arrive à force de tuyaux.
Et les médecins font un nez !

JOCRISSE

Tas de pierrots !

PAILLASSE (dépliant une toile).

Des pierrots ? En voici toute une ribambelle !
De Paris jusqu'à Tombouctou
C'est la manie universelle.

MADAME PAILLASSE

Aimez-vous les pierrots on en a mis partout !

MADAME PAILLASSE, JOCRISSE, (chantant).

Depuis quelque temps, les échos
Ne chantent plus que les pierrots.

Ils sont dans tous les scénarios
Les pierrots, les pierrettes, les jolis pierrots !
          Pierrots tristes, pierrots joyeux
          Assassins ou bien amoureux ;
          Au théâtre on ne voit plus qu'eux
Les pierrots, les pierrettes, les pierrots neigeux !
          De leurs frimouss's on aime la farine
Et nous n'pourrions, non, nous n'pourrions jamais nous en
                                        [passer.
          Comme un rébus, on cherche et l'on devine
Les mots d'esprit, les traits malins, qu'ils sèment sans
                                        [parler

Pierrot, c'est la jeunesse,
Les folles amours,
Sans la tendresse
Pierrot : c'est la jeunesse (*bis*)
Avec ses bons tours
C'est la jeunesse (*bis*)
Et ses bon tours !

MADAME PAILLASSE

Sais-tu l'heure qu'il est ?

PAILLASSE

Ma foi, je le suppose,
Nous allons, nous allons sans mesurer la dose.

JOCRISSE

Tu crains toujours que le client
N'en ait pas eu pour son argent.

PAILLASSE

Eh bien, finissons-en,
Allons-y de l'apothéose
Le palais du grand roi Tha ra ra boum dihé !

(Il déplie deux toiles).

JOCRISSE

Fais-moi donc l'amitié
De me dire où tu prends ce roi-là ?

PAILLASSE

Je l'ignore
C'est peut-être un ministre, un chameau, moins encore,
Un microbe apporté par quelques émigrants,
Un cauchemar, un rêve, un caprice de mouche.

Mais, Paris, depuis quelque temps,
N'a que ce mot-là dans la bouche.

MADAME PAILLASSE

Avec ce refrain d'Outre-Manche
La cantatrice se déhanche
Et pour émoustiller les yeux
Des jeunes et surtout des vieux,
Dans les flots du jupon de soie
Laisse vivement entrevoir
Le mollet. promesse de joie,
Et le pantalon, doux espoir
Pas d'ta ra boum dihé.
Je suis trop bien él'vée
Je n'ai jamais osé
Fair' ta ra boum dihé
Mais puisque vous l'voulez
   (Levant la jambe)
Ta ra ra boum dihé !

### PAILLASSE

Et maintenant adieu, la parade en plein vent.
       Entrez ! Entrez ! c'est la première,
Nous vous avons montré ce que l'on fait devant
Ce n'est rien à côté de ce qu'on voit derrière.

### JOCRISSE

Nos demoisell's en cire ont des airs si pudiques
Qu'ell's inspirent l'amour à toutes nos pratiques.

### MADAME PAILLASSE

Vous aurez avec vous du monde comme il faut,
Tous les soirs, les grands ducs viennent incognito !
     Mais avec ça, car c'est pas tout,
     Mais avec ça, j'suis pas au bout
     Je vous le jure sur ma tête
     Le prix de la petite fête
        Ça n's'ra pas vingt sous !
        Ça n's'ra pas dix sous !
        Ça n's'ra pas cinq sous !
          Ça s'ra, ça s'ra
        Ce que chacun voudra !


*(Tous les trois jettent au public des prospectus ainsi libellés :*


« La troupe va-t-en-ville et donne des séances,
« Faites-en part à vos amis et connaissances !
« Seulement hâtez-vous ! A partir de ce soir
« Les clubs et les salons se battront pour l'avoir. »

IMP. A. WARMONT, GALERIE D'ORLÉANS, PALAIS-ROYAL.

THÉÂTRE DE CAMPAGNE, recueil de comédies de salon (8 séries ont paru) Chaque série formant 1 v. gr. in-18 est vendue séparément. — Prix 3 50

MON NOM ! comédie en trois actes, par Ambroise Janvier et Marcel Ballot (Théâtre-Moderne), gr. in-18. 3 50

LA PEUR DE L'ÊTRE, comédie en 3 actes, par Emile Moreau et Pierre Valdagne (Menus-Plaisirs), in-18. 2 »

LA MARIÉE RÉCALCITRANTE, comédie-bouffe en 3 actes, par Léon Gandillot (Déjazet), in-18 . . . 2 »

LA PART DU MARI, comédie en un acte, par Pierre Soulaine et Emile Grizel (Vaudeville), in-18 . . . . 1 50

« ALLÔ ! ALLÔ ! » comédie en un acte, par Pierre Valdagne (Vaudeville), in-18. . . . . . . . 1 50

LA MAISON DES DEUX BARBEAUX, comédie en 3 actes, par A. Theuriet et H. Lyon (Odéon), in-18. . 2 »

LA COURSE AUX JUPONS, comédie en 3 actes, par Léon Gandillot (Déjazet), in-18. . . . . . . . 2 »

LE PARDON, comédie en trois actes, par Léon Gandillot, (Théâtre-Moderne), in-18. . . . . 3 50

DANS UNE LOGE, comédie en un acte, par Ludovic Denis de Lagarde (Déjazet), in-18. . . . . 3 50

ENTRE AMIS, comédie en un acte, par Ludovic Denis de Lagarde (Gymnase), in-18. . . . . . 1 50

LES FEMMES COLLANTES, comédie-bouffe en cinq actes, par Léon Gandillot (Déjazet), in-18. . . . . 2 »

LE JUSTICIER drame en six actes et sept tableaux, par le Comte S. Rzewusky, (Ambigu), gr. in-18 . 3 50

LES FIANCÉS DE LOCHES, vaudeville en trois actes, par G. Feydeau et M. Desvallières (Cluny). . . . 2 »

ANTOINETTE RIGAUD, comédie en trois actes, par Raymond Deslandes (Comédie-Française). . . . 2 »

LE BAIN DE LA MARIÉE, comédie-bouffe en un acte, par G. Astruc et P. Soulaine (Palais-Royal), in-18. . 1 50

PRÊTE-MOI TA FEMME, comédie en deux actes, en prose, par M. Desvallières (Palais-Royal, in-18 . . . 1 50

LA COMTESSE SARAH, pièce en cinq actes par G. Ohnet (Gymnase), in-18 2 »

SERGE PANINE, pièce en cinq actes, par G. Ohnet (Gymnase), in-18 . 2 »

LE MAITRE DE FORGES, pièce en quatre actes et cinq tableaux, par Georges Ohnet (Gymnase), in-18. . . 2 »

LA GRANDE MARNIÈRE, drame en huit tableaux, par Georges Ohnet (Porte-Saint-Martin) in-18. . . . . 2 »

L'ABBÉ VINCENT, comédie en 1 acte, en prose, par Grenet-Dancourt (Odéon) . . . . . . . . 1 50

UN CRANE SOUS UNE TEMPÉTE, saynète, par A. Dreyfus (Gaîté, in-18 . 1 »

L'ASSASSIN, comédie en 1 acte, par Edmond About, (Gymnase) in-18 1 50

LE FILS DE CORALIE, pièce en 4 actes, par A. Delpit (Gymnase), in-18 2 »

L'ENLÈVEMENT DE SABINE, comédie-bouffe en trois actes, par Léon Gandillot (Cluny), in-18. . . . 2 »

CELLES QU'ON RESPECTE, comédie en trois actes, par Pierre Wolff (Gymnase), gr. in-18 . . . . . 3 50

LYSISTRATA, comédie en quatre actes, par Maurice Donnay (Grand-Théâtre), gr. in-18. . . . . . . 3 50

LA BONNE AVENTURE, opéra-bouffe en trois actes, par Emile de Najac et Henri Bocage, musique d'Emile Jonas (Renaissance), in-18 . . 1 50

AU DAHOMEY, pièce en cinq actes et dix tableaux par F. Oswald, Gugenheim et Le Faure (Porte-Saint-Martin), in-18 . . . . . . . . 2 »

TROIS FEMMES POUR UN MARI, comédie-bouffe en trois actes, par Grenet-Dancourt (Cluny), in-18. . 2 »

POUR DIVORCER, comédie en un acte, par Victor Dubron, in-18 . . 1 50

DE FIL EN AIGUILLE, pièce en 4 journées, par Léon Gandillot (Théâtre d'application) . . . . . . . 3 50

LA GIFLE, comédie en un acte, par A. Dreyfus (Palais-Royal), in-18. 1 50

PASSIONNÉMENT, pièce en quatre actes, par Albert Delpit (Odéon). . 2 »

COMÉDIES EN UN ACTE, par Ernest Legouvé, de l'Académie française. un vol. gr. in-18 . . . . . . . 3 50